Der Bauch nach der Geburt!
Wie Sie eine schmerzhafte Rektusdiastase verhindern und Ihre Bauchmuskeln aufbauen
- 11 effektive Übungen

Haftungsausschluss

Vielen Dank, dass Sie sich für dieses Buch entschieden haben. Ich hoffe, Sie finden darin viele Anregungen, die Ihnen auf Ihrem Weg helfen.

Dieses Buch wurde mit bestem Wissen und Gewissen verfasst. Dennoch bin ich keine Ärztin, keine Hebamme und keine Physiotherapeutin. Die Übungen führen Sie daher auf eigene Verantwortung und eigenes Risiko durch. Eine ausgeprägte Rektusdiastase ist ein medizinisches Problem, welches von einem Arzt untersucht und beurteilt werden muss.

Inhaltsverzeichnis

Der Bauch nach der Geburt!

11 effektive Übungen nach der Geburt – für Bauchmuskeln und gegen Rektusdiastase

Vorwort

Sie haben es geschafft: Ihr Baby ist da und Sie sind überglücklich. Ein Gefühl, welches Sie bestimmt Ihr Leben lang in Erinnerung behalten werden und mit einem Lächeln auf den Lippen an diesen Moment zurück denken werden. Die ersten Tage sind magisch und verzaubernd und verrückt und unglaublich und und und. Die Aufzählung könnte endlos fortgeführt werden. Nach der anfänglichen Euphorie, dem Kennenlernen und Zusammenwachsen als Familie, der Gewöhnung an Schlafmangel und einen neuen Tagesrhythmus, schaut man als frischgebackene Mama vielleicht mal wieder in den Spiegel. Tja, das Baby ist da, aber der Bauch leider auch noch. Es heißt ja so schön, der Bauch kommt 9 Monate und er geht auch wieder 9 Monate. Doch so ganz zufrieden geben möchte man sich damit nicht. Hinzu kommt, dass bei der Rückbildung und auch von der Hebamme immer wieder kritisch der Bauchspalt befühlt wird – die sogenannte Rektusdiastase. Die Rektusdiastase sieht man erstmal nicht und man spürt sie auch erstmal nicht. Aus diesem Grund wird ihr oftmals wenig Beachtung geschenkt beziehungsweise sie gerät bald in Vergessenheit. Anders als der Bauch, den man ständig sieht und spürt. Doch gerade die Rückbildung der

Bauchmuskeln und das Schließen der geraden Bauchmuskeln ist aus gesundheitlicher Sicht ein wichtiger Aspekt, den Sie nicht vernachlässigen sollten. Fehlen die schützenden und stabilisierenden geraden Bauchmuskeln, dann muss der Rücken die Aufgaben der Bauchmuskeln mit übernehmen. Ein Umstand, dessen Folgen erst mit den Jahren im wahrsten Sinne des Wortes spürbar werden. Dabei geht es nicht um optische Korrekturen, sondern schlicht und ergreifend um Ihr Wohlbefinden in einigen Jahren.

Was Sie heute tun, dankt Ihnen Ihr Körper morgen.

In diesem Buch möchte ich Sie zunächst über die Bauchmuskeln in der Schwangerschaft aufklären und Ihnen die Folgen der Rektusdiastase erläutern. Da ich weiß, wie neu und stressig der Alltag mit einem Baby ist, habe ich bewusst darauf geachtet, dass ich Ihnen kleine und einfache Übungen vorstelle, die dafür sehr wirksam und hoch effektiv sind. Es geht nicht darum, dass Sie ein schweißtreibendes Workout machen. Es geht einzig und allein darum, Ihre Bauchmuskeln zu trainieren, die Rektusdiastase auf ein Minimum zu reduzieren und Ihnen damit ein angenehmens und gesundes Lebensgefühl zu bescheren.

Ich wünsche Ihnen viel Freude beim Lesen, viel Spaß bei den Übungen und viel Geschmack beim Kosten der Rezepte.

Ihre

Marlene Friedmann

Bauchmuskeln nach der Schwangerschaft

Im Grunde ist eine Schwangerschaft natürlich etwas sehr Schönes. Zum anderen leistet der weibliche Körper während einer Schwangerschaft aber auch Schwerstarbeit, denn im Organismus finden jetzt in den 40 Wochen zahlreiche Veränderungen statt. Durch das Wachstum, sowie durch die Dehnung der Gebärmutter werden dann auch die Bauchmuskeln verschoben. Um zu verstehen, wie sich diese Muskeln durch eine Schwangerschaft verändern, benötigen wir im Vorfeld ein paar anatomische Kenntnisse.

Der Aufbau der Bauchmuskeln

Hier finden Sie einen kleinen Überblick über die Bauchmuskeln. Die Bauchmuskulatur besteht aus einem Zusammenspiel verschiedener Muskeln und gliedert sich in die nachfolgenden Muskelgruppen.

1. **Der gerade Bauchmuskel**

Der gerade Bauchmuskel verläuft in zwei Bahnen. Durch das Bindegewebe sind diese verbunden und reichen vom Brustbein und vom fünften bis siebten Wirbelknorpel bis hin zum Schambein. So beugt, wie stützt dieser Muskel den Oberkörper.

2. Äußerer schräger Bauchmuskel

Der äußere schräge Bauchmuskel verläuft von der fünften bis zwölften Rippe beidseitig zum Darmbeinkamm und zur sogenannten Linea alba. Somit ist dieser Muskel sowohl für die Drehung, als auch für die Seitbeugung der Lenden- und Brustwirbelsäule zuständig. Ebenso ist der äußere, schräge Bauchmuskel aber an der Ausatmung beteiligt.

3. Der innere schräge Bauchmuskel

Der innere schräge Bauchmuskel verläuft vom Darmbeinkamm zur neunten bis zwölften Rippe. Außerdem kreuzt sich dieser Muskel mit im 90 Grad Winkel mit den äußeren schrägen Bauchmuskeln. Demnach ist dieser für die Beugung des Oberkörpers nach vorn und zur Seite zuständig. Zudem dreht dieser Muskel den Oberkörper, presst den Bauch zusammen und besitzt ebenso ein Mitspracherecht bei der Ausatmung.

4. Der querverlaufende Bauchmuskel

Der querverlaufende Bauchmuskel verläuft beidseitig am unteren Rücken vom Darmbeinkamm zur untersten zwölften Rippe, aber ebenso zu den Querfortsätzen der Lendenwirbel. Dieser Lendenmuskel ist somit auch an der Ausatmung beteiligt und neigt den Rumpf zu Seite, streckt die Lendenwirbelsäule und sorgt dafür, dass die zwölfte Rippe sich senken kann.

5. Der Pyramidenmuskel

Auch der sogenannte Pyramidenmuskel darf sich zur Bauchmuskulatur zählen. So handelt es sich hier um einen kleinen Muskel in Form einer Pyramide. Dieser liegt vor dem Ansatz des geraden Bauchmuskels und wird von der Rektusscheide umschlossen. So verstärkt dieser Muskel die Verbindung zwischen Bauch- und Beckenbodenmuskulatur.

Die Bauchmuskeln während der Schwangerschaft

Durch die Schwangerschaft werden vor allem die Bauchmuskeln besonders stark beansprucht. Die Bauchdecke muss sich durch das Wachstum des Kindes und der Gebärmutter extrem ausweiten. Demnach werden sowohl die Bauchmuskeln gedehnt, als auch die Bänder, die die Gebärmutter halten. Schon ab dem zweiten Schwangerschaftsdrittel werden die geraden Bauchmuskeln zur Seite gedrückt und die Linea Alba gedehnt, um genügend Platz für die stetig größer werdende Gebärmutter zu schaffen. Dies geschieht unter Einwirkung des Schwangerschaftshormons Relaxin. So wird dieser Zustand als Rektusdiastase bezeichnet.

Was ist eine Rektusdiastase?

Der Begriff Rektusdiastase bezeichnet zum einen den geraden Bauchmuskel und zum anderen einen Abstand bzw. Zwischenraum. So zieht sich der gerade Bauchmuskel innerhalb der Bauchdecke beidseitig über den Bauchraum. Demnach ist eine Rektusdiastase eine Spalte zwischen den beiden

Hälften des geraden Bauchmuskels. Diese kann schon bei der Geburt zugegen sein oder aber während einer Schwangerschaft erworben werden. Meist handelt es sich hier um einen Spalt, der zwischen zwei bis zehn Zentimeter lang ist. Wobei es auch hier extreme Fälle gibt, so dass sich der Zwischenraum vom Rippenbogen bis hinunter zum Schambein erstreckt. Oftmals ist diese bis zu 30 cm lange Spalte dann am Bauchnabel am stärksten ausgeprägt.

Die sogenannte physiologische Rektusdiastase kommt hingegen häufig bei Schwangeren vor. Vor allem Frauen, die bereits mehrere Schwangerschaften hatten, haben mit dieser Spalte zu kämpfen. Circa ab dem fünften Schwangerschaftsmonat werden die beiden Hälften der Bauchmuskeln durch den steigenden Innendruck im Bauch auseinandergeschoben. Kommt es zu einer stark ausgeprägten Rektusdiastase kann dies zu einem problematischen Geburtsvorgang führen. In einigen Fällen kann somit die Bauchmuskulatur nicht genügend Druck erzeugen, so dass der Säugling nicht hinausgeschoben werden kann.

Innerhalb weniger Monate nach der Geburt sollte sich die Rektusdiastase von alleine wieder schließen. Aus diesem Grund, wird erst einmal stets von starken, körperlichen Belastung abgeraten. Mit einer entsprechenden Rückbildungsgymnastik kann die Rückbildung der Rektusdiastase unterstützt werden.

Folgen einer Rektusdiastase

In der Regel verursacht eine Rektusdiastase keine Beschwerden. Bei den Betroffenen ist lediglich ein Spalt in der Mitte des Bauches tastbar. Wird der Bauch hingegen angespannt, kann dies dazu führen, dass eine sichtbare Auswölbung in Erscheinung tritt. Während des Fortschreitens einer Schwangerschaft kann es dann Schmerzen im unteren Rückenbereich, in der Hüfte, wie im Gesäß kommen. Meist machen sich diese körperlichen Qualen unter Belastung bemerkbar. Frauen, die hingegen schon mehrere Schwangerschaften durchlebt haben, leiden häufig unter diesen Symptomen.

Überschüssiges Gewebe, sowie die Haut können bei einer Rektusdiastase im vorderen Bauchbereich deutlich hervorstehen. Auch nach der Geburt sehen Betroffene dann oftmals noch aus, als ob sie im vierten Monat schwanger wären. Für einige Frauen ist eine Rektusdiastase nach der Geburt meist eher ein kosmetisches Problem. Andere werdende Mütter haben hingegen mit richtiggehenden Schmerzen im Bereich der Bandscheiben, wie in anderen Bereichen des Rückens zu kämpfen. Jede Bewegung wird zur schmerzhaften Qual, so dass es ratsam ist, so früh wie möglich etwas gegen die Rektusdiastase zu unternehmen und die Bauchmuskeldecke wieder zu schließen. Denn Probleme an den Bandscheiben zeigen mithin erst nach Jahren. Fehlen die Bauchmuskeln, muss der Rücken die komplette Arbeit übernehmen. Darunter leiden mit den Jahren die Bandscheiben und im Altern tauchen Rückenprobleme auf. Deren Ursache können Sie jedoch schon heute bekämpfen und entgegenwirken!

Was müssen Sie nach der Schwangerschaft zu beachten?

Vermeiden Sie es, nach der Schwangerschaft die oberflächlichen geraden Bauchmuskeln zu trainieren, denn diese bewegen den Rumpf. Wer sich also nach vorne, zur Seite beugt oder sich dreht, bewegt damit genau diese Muskelgruppe. Auf diese Weise wird die Diastase sogar noch vergrößert und keineswegs geschlossen. Demnach sollten Sie sich aus der liegenden Position aufrichten, indem Sie sich auf die Seite rollen und sich aus dieser Position hochstützen. Im Grunde ist diese Form des Aufstehens immer vorzuziehen. Aber vor allem die ersten Wochen nach der Geburt, ist es die schonendste Variante für Sie und Ihre Bauchmuskeln. Wahrscheinlich werden Sie gerade anfangs spüren, dass das Aufrichten über die geraden Bauchmuskeln sehr mühsam wenn sogar überhaupt nicht möglich ist. Wichtig ist, dass Sie sich darüber bewusst sind und es sich immer wieder aktiv ins Gedächtnis rufen. Denn gerade das Aufstehen über die Seite aus der liegenden Position vergessen viele frischgebackene Mamas oftmals und verhindern damit unbewusst dafür, dass sich die Rektusdiastase schließen kann.

No-Gos nach der Geburt

Jede Übung, die dafür sorgt, dass sich die Bauchdecke allzu stark wölbt und somit überanstrengt wird, ist in den ersten Wochen nach der Geburt tabu. Gleiches gilt für bestimmte Yoga-Übungen, welche die Bauchmuskeln strecken. Stellungen, wie der heraufschauende Hund, Bauchatmungen, Rückenbeugen, sowie sonstige Vierfüßler-Übungen sollten somit gemieden werden.

Wer außerdem gerne auf Pilates setzt, sollte hier nach der Schwangerschaft erst einmal auf Matten-, wie Reformerübungen mit Oberkörperbeugen, Doppelbeinstrecken, sowie Kopfschwimmstellungen verzichten. Bewegungen, die außerdem den

Oberkörper drehen und gleichzeitig den an dieser Seite befindlichen Arm ausstrecken, tun den Bauchmuskeln ebenfalls nach der Geburt nicht gut. Ebenso Übungen auf einem Gymnastikball, bei denen der Oberkörper nach hinten gelegt wird. Im Grunde sollten alle Bauchübungen, denen die obere Wirbelsäule gegen die Schwerkraft oder gegen den Boden gebogen wird, gemieden werden.

Ein absolutes No-Go nach der Geburt sind Crunches und zwar in doppelter Hinsicht. Einerseits trainieren diese wiederum die geraden Bauchmuskeln. Andererseits belasten sie den Beckenboden. Selbst die seitlichen Crunches beanspruchen den Beckenboden und sollten nur unter vorheriger Anleitung ausgeführt werden. Denn nur wer es beherrscht, seinen Beckenboden anzuspannen und diese Anspannung halten kann, darf die altbekannten Crunches in seinen Trainingsplan einbauen.

Gerade in den ersten Wochen nach der Geburt sollten Sie die Bauchmuskeln schonend trainieren. Wie bereits erläutert stellt eine Beanspruchung der geraden Muskeln ein No-Go dar. Man begünstigt damit, dass sich die Muskeln noch weiter auseinander schieben. Ein Umstand den wir ja gerade verhindern wollen. Trainieren Sie zunächst vorsichtig die schrägen Bauchmuskeln und achten Sie darauf, sich immer über die Seite aufzurichten. Was sich so banal anhört, ist enorm wichtig. Denn wer sich direkt frontal aufrichtet, führt eine schädliche Aufrollbewegung aus, die den Crunches ähneln.

11 effektive Bauchmuskelübungen

Zur Verringerung der Rektusdiastase, sowie zur Stärkung der Bauchmuskulatur gibt es verschiedene Übungen. Vorzugsweise werden diese mit einer erfahrenen Hebamme oder einer Krankengymnastin durchgeführt. So gibt es beispielsweise die Rektusdiastase Übungen nach Angela Hellersind. Hierbei handelt es sich um eine gute Methode die Bauchmuskeln wieder zusammenzuführen. Bereits zwei Tage nach einer Spontangeburt bzw. zwei Wochen nach einem Kaiserschnitt ist es möglich maximal zweimal pro Woche ein entsprechendes Training zu absolvieren. Werden die speziellen Übungen regelmäßig und konsequent durchgeführt, bildet sich die Rektusdiastase in der Regel schnell wieder zurück. Selbst eine seit mehreren Jahren bestehende Rektusdiastase lässt sich auf diese Weise wirkungsvoll beseitigen.

Die wichtigsten Bewegungen, um eine Rektusdiastase zu behandeln, sind Übungen des Beckenbodens, des Kopfhebens und des Anspannens. Alles andere, wie etwa Übungen, bei denen die Leibesmitte gewölbt oder überstreckt oder bei denen die Wirbelsäule gegen den Boden gedrückt wird, sollen anfangs vermieden werden. Solche

Übungen bitte erst wieder durchführen, wenn die Rektusdiastase geschlossen ist.

Suchen Sie sich täglich drei der folgenden Übungen aus. Wiederholen Sie dabei jede Übung 10 mal und machen Sie pro Übung drei Durchgänge. Auf diese Weise schaffen Sie Abwechslung und die Chance, dass Sie dranbleiben erhöht sich. Sollten anfangs drei Durchgänge noch zu anstrengend sein, dann steigern Sie sich langsam. Wichtig ist, dass Sie täglich eine kleine Einheit absolvieren und somit am Ball bleiben. Schließlich soll es zur Gewohnheit, zum Ritual und zu Ihrer täglichen kleinen Auszeit werden.

Grundlage: Beckenboden anspannen

Vor jeder Übung tief einatmen und beim Ausatmen den Beckenboden anspannen, das bedeutet konkret Scheide, Schamlippen, Harnröhre, After fest zusammen ziehen. Dazu den Bauch anspannen und den Bauchnabel nach innen und oben ziehen. Diese Anspannung während der gesamten Übung halten und normal weiter atmen.

1. Übung: Halbe Brücke

- Auf den Boden legen und die Beine hüftbreit anwinkeln
- Beckenboden anspannen, den Po anheben und kurz in dieser Position verharren
- Anschließend den Po wieder senken, indem Sie Wirbel für Wirbel abrollen

Schwierigkeitsgrad 1: Ein Bein anheben und ausstrecken. Darauf achten, dass das Bein eine grade Linie zur Wirbelsäule bildet. Anschließend das Bein langsam wieder absetzen und Po senken.

2. Übung: Beckenwippe

- Auf den Boden legen und die Beine hüftbreit anwinkeln
- Beckenboden anspannen und den Po anheben
- Abwechselnd das Becken leicht auf eine Seite kippen.
- In die Ausgangsposition zurückkehren.

3. *Übung: Tisch kippen*

- Auf den Boden legen und die Beine in Tischposition bringen *(rechter Winkel zwischen Unter- und Oberschenkel und zwischen Bauch und Oberschenkel)*
- Beckenboden anspannen
- Die Beine gleichzeitig und langsam in eine Richtung fallen lassen. Dabei weiterhin auf die richtige Beinhaltung achten und nur so weit fallen lassen, wie die Wirbelsäule noch den Boden berührt.
- Seite wechseln.

Schwierigkeitsgrad 1: Die Übung mit einem eingeklemmten Ball zwischen den Beinen durchführen.

4. *Übung: Katzenbuckel*

- Begeben Sie sich in den Vierfüßler-Stand
- Den Rücken gerade halten, so dass sich kein Hohlkreuz bildet
- Beckenboden anspannen
- Beim Ausatmen den Bauchnabel kräftig nach innen Richtung Wirbelsäule ziehen
- Anschließend wieder locker lassen

Schwierigkeitsgrad 1: Beim Ausatmen linke Hand und rechtes Knie fest in den Boden drücken. Rechte Hand und linkes Knie tragen nun kein Gewicht mehr.

Schwierigkeitsgrad 2: Linker Arm und rechtes Bein gerade ausstrecken. Seiten wechseln.

Schwierigkeitsgrad 3: Linker Arm und rechtes Bein gerade ausstrecken und unter dem Bauch zusammenführen. Seiten wechseln.

5. Übung: Beine spreizen

- Legen Sie sich auf den Boden und winkeln Sie die Beine an
- Lassen Sie ein Knie langsam nach außen fallen, bis sich eine leichte Anspannung im Bauch bemerkbar macht
- Anschließend das Bein wieder zur Mitte führen und die Übung mit dem anderen Bein zu wiederholen

6. Übung: Beine heben

- Legen Sie sich auf den Rücken und strecken Sie ein Bein aus, während das andere angewinkelt wird

- Führen Sie nun das ausgestreckte Bein vertikal nach oben und senken Sie es wieder langsam

Einfacher: Das Bein angewinkelt an den Körper heranziehen und danach wieder strecken

Schwerer: Heben Sie beide Beine gleichzeitig an.

7. Übung: Knoten knüpfen

- Legen Sie sich auf den Rücken und binden Sie sich ein Tuch um den Bauch
- Greifen Sie nun die Enden des Tuchs über Kreuz
- Ziehen Sie nun kräftig an dem Tuch, als wenn Sie gerade einen Knoten machen würden
- Dabei den Kopf leicht anheben, aber nicht den Bauch anspannen

8. Übung: Knie beugen oder Po-über-Klo

- Mit klassischen Squats lassen sich Bauch und Beckenboden trainieren
- Stellen Sie sich in einen festen, hüftbreiten Stand und spannen Sie den Beckenboden an

- Senken Sie jetzt den Po herab bis sich dieser in Höhe der angewinkelten Knie befindet
    - Stellen Sie sich vor, Sie würden sich auf die Toiletten setzen.
    - Wichtig: Knie auf Knöchelhöhe, auf keinen Fall über den Füßen!
    - Achten Sie auf einen geraden Rücken (Haltung vor dem Spiegel kontrollieren.)
- Po und Bauch sind während der Übung fest angespannt

9. Übung: Ich bin ein T

- Stellen Sie sich erneut in einen festen, hüftbreiten Stand, Knie leicht gebeugt
- Verlagern Sie Ihr Gewicht auf ein Bein.
- Oberkörper nach vorne, ein Bein nach hinten strecken, sodass Ihr Körper ein „T" bildet.
- Während der gesamten Übung bleibt der Körper kontinuierlich angespannt

10. Übung: BSB - Beugen und Strecken der Beine

- Legen Sie sich mit ausgestreckten Beinen auf den Rücken und platzieren Sie Ihre Arme längs neben dem Körper

- Ziehen Sie jetzt Ihr rechtes Bein zur Brust hin und strecken Sie das Bein danach wieder aus, ohne den Boden zu berühren
- Während der gesamten Übung bleibt der Rücken platt auf dem Boden

11. Übung: Knöchelgriff für Fortgeschrittene

- Legen Sie sich mit angezogenen Knien auf den Rücken und legen Sie Ihre Arme längs neben Ihrem Körper ab
- Heben Sie jetzt Ihren Oberkörper etwas, von den Schultern ausgehend, und greifen Sie mit Ihrer rechten Hand zu Ihrem rechten Fußknöchel. Mit der linken Hand gilt es diese Übung anschließend mit dem linken Knöchel zu wiederholen

Mit Hilfe dieser speziellen Übungen lässt sich das Schließen der Rektusdiastase nachweislich beschleunigen. Hierbei ist es allerdings von großer Bedeutung, dass zuerst einmal die Übungen durchgeführt werden, bei denen der querlaufende Bauchmuskel, sowie der Beckenboden gestärkt werden. Auf diese Weise erhält der Rumpf mehr Stabilität und der Spalt schließt sich.

Geeignete Übungen sind daher stets Halteübungen. Das heißt, das Anspannen der Muskeln ohne Bewegung, bei denen die Spannung immer eine gewisse Zeit gehalten wird. Eine effektive, wie simple Methode, den Transversus zu trainieren, ist außerdem das Einziehen des Bauchnabels und die Spannung zu halten bei allen statischen Übungen. Aktivieren Sie den Transversus im Alltag immer wieder, indem Sie ihn aktiv anspannen. Dies geht ganz einfach und kann überall durchgeführt werden.

Ein positiver Nebeneffekt der Übungen: den überflüssigen Schwangerschaftspfunden geht es ebenfalls an den Kragen.

Sie wollen schnell ihre alte Figur zurück? Beachten Sie bitte, dass vor allem Stillende auf keinen Fall spezielle, eintönige Diäten oder gar Crash-Diäten durchführen sollten. Dies ist gegenüber der Milchproduktion kontraproduktiv und geht zulasten der Gesundheit des Kindes und Ihrer eigenen. Wichtiger noch ist der Aspekt der Entgiftung des Körpers. Bei einseitigen hocheffektiven Diäten werden die körpereigenen Fettdepots angegriffen und der Körper zugleich entgiftet. Diese Giftstoffe landen in der Milch und sind für das Baby schädlich. Deshalb ist es unbedingt ratsam, spezielle Diäten erst nach Beendigung der Stillzeit zu beginnen. Alles zum Afterbabybody erfahren Sie im nächsten Kapitel.

Wer bereits früher abnehmen möchte, sollte auf eine gesunde und ausgewogene Ernährung setzen und gleichzeitig regelmäßig für Bewegung sorgen. So purzeln die Pfunde zwar langsamer dafür aber auch dauerhaft und der gefürchtete Jo-Jo-Effekt hat auf diese Weise keine Chance. Einige schnelle, gesunde und leckere Rezepte finden Sie am Ende des Buches. Ausgiebige Spaziergänge an der frischen Luft sind nicht nur gesund und abnehmförderlich, sondern stärken gleichzeitig das Immunsystem von Mutter und Kind.

Zurück zum Afterbabybody

In den ersten Wochen nach der Geburt ist alles sehr aufregend, aber auch stressig. Gerade, wenn es sich um den ersten Nachwuchs handelt, möchten viele Mütter doch alles richtig machen und schnell artet dies in Stress aus. Hinzu kommt dann noch, dass die meisten Frauen so schnell wie nur möglich zum perfekten Afterbabybody zurückkehren möchten. Frisch gebackene Mütter setzen sich gerade hier gerne einmal selbst unnötig unter Druck und setzen sich demnach ganz falsche Ziele.

Der Afterbabybody ist inzwischen schon zu einer Art Marktindex für zahlreiche Mütter geworden. Je weniger davon sichtbar ist, dass dieser Körper gerade ein neues, kleines Leben erschaffen und zur Welt gebracht hat, desto höher scheint der Eigenwert zu sein. So sagt es auf jeden Fall das verzerrte Medien-Bild heutzutage. Models, Schauspielerinnen, Pop-Diven und andere Promis scheinen nach jeder Geburt noch schlanker und durchtrainierter zu sein, als zuvor. Laut den Aussagen dieser Stars und Sternchen ist es lediglich eine Frage der Motivation und Disziplin, wie schnell Frauen wieder in den Genuss eines Afterbabybodys kommen. Wer dies nicht schafft, ist schlichtweg zu faul. Dies stimmt aber natürlich nicht.

Fakt ist, sämtliche Fettdepots die der weibliche Körper während einer Schwangerschaft angelegt hat, hat er aus einem guten Grund angelegt. Vor allem für die Stillzeit legt der Organismus Reserven an. Das Stillen kostet schließlich nicht nur Energie, sondern auch Kraft. Einige Kalorien, die der Körper für das Stillen benötigt, holt er sich aus den Fettdepots. Aus diesem Grund klappt das Abnehmen bei einigen Müttern in der Stillzeit fast automatisch.

Natürlich ist aber auch dies nicht bei allen Frauen gleich. Einige Frauen nehmen trotz ausgewogener und gesunder Ernährung während der Stillzeit so gut wie gar nicht ab. Hier spielt sowohl die Hormonlage als auch der Stoffwechsel eine bedeutende Rolle. So kann es sein, dass der Stoffwechsel durch die Schwangerschaft nur noch auf Sparflamme arbeitet. Dennoch vertragen sich eine strenge Diät und das Stillen gar nicht.

Um sicher zu gehen, dass der Nachwuchs über die Muttermilch bestmöglich mit Nährstoffen versorgt wird, gilt es in den ersten vier Monaten nach der Geburt sogar zwischen 400 und 500 Kalorien mehr aufzunehmen. Deshalb ist es nach der Schwangerschaft besonders wichtig, sich dauerhaft gesund zu ernähren. Achten Sie auf genügend Ballaststoffe, Zink, Folsäure, Magnesium, sowie Vitamin B6. Damit sich der Körper wieder vollständig regenerieren kann, benötigt er genauso lange wie die Schwangerschaft gedauert hat. Haben Sie Geduld mit sich und geben Sie Ihrem Körper Zeit. So ist es ohnehin schon anstrengend genug Mama zu sein. Hierbei handelt es sich um das anstrengendste Workout überhaupt. Langzeit-Schlafentzug, Baby-Gewichtheben, Kinderwagen-Marathon und Co sind knallharte Übungen, die kaum eine Pause erlauben.

Abnehmen ist natürlich dennoch immer ein Thema nach einer Schwangerschaft. Natürlich wird es vorkommen, dass die frischgebackene Mama sich an einigen Tagen gar nicht wohl in ihrer Haut fühlt. Sich hier aber unnötig unter Druck zu setzen, ist schlichtweg der falsche Weg. So bringt es gar nichts, völlig gestresst in der Küche zu stehen und für sich aufwendig gesund zu kochen, während der Nachwuchs schreiend auf dem Arm hin- und hergeschaukelt wird. Spätestens, wenn das Kleine endlich schlummert und der Stress von einem abfällt, wird wahrscheinlich aus einem Stück Schokolade gleich die ganze Tafel werden. Versuchen Sie, dies nicht zur Gewohnheit werden zu lassen und starten Sie vor allem gesund in den Tag. So verzeiht Ihnen Ihr Körper auch die ein oder andere Sünde.

Ernährung nach der Geburt

Auf komplizierte Kochrezepte, um für eine gesunde Ernährung zu sorgen, haben die wenigsten frischgebackenen Mama Zeit und Lust. Das muss auch gar nicht sein, denn es gibt zahlreiche, schnelle Power-Rezepte, die nicht nur die Gesundheit und Fitness unterstützen, sondern auch noch schmecken. Es ist nicht zwingend nötig den halben Tag vor dem Herd zu verbringen, um seinen Körper nach der Schwangerschaft gesund zu ernähren. Mit einigen Tipps und Tricks können ohne großen Aufwand die wichtigsten Nährstoffe aufgenommen werden.

Hier einige Grundregeln für eine gesunde Ernährung:

1. ***Täglich eisenreiche Lebensmittel zu sich nehmen***

Eisenhaltige Nahrungsmittel sollten jeden Tag auf dem Speiseplan stehen. Auf diese Weise kann der geburtsbedingte Eisenverlust ausgeglichen werden und mögliche leere Speicher wieder gefüllt werden.

➔ Rote Beete, Hirse, Hafer, aber ebenso Fleisch sind gute Eisenlieferanten.

2. Essentielle Fettsäuren

Damit sich das Gewebe nach der Geburt besser regenerieren kann, benötigt esessentielle Fettsäuren. Diese sind in Fisch, Nüssen, sowie in pflanzlichen Ölen enthalten. Demnach kann ein Esslöffel kaltgepresstes Sonnenblumen- oder Rapsöl unter das fertige Essen gemischt werden. Einmal in der Woche hingegen sollte Fisch auf dem Speiseplan stehen, während ungesalzene Nüsse sich hervorragend als Snack eignen.

3. Kalziumreiche Mahlzeiten

Gemüse, Obst, sowie Vollkorn- und ungesüßte Milchprodukte sollten täglich auf dem Speiseplan stehen. Obst und Joghurt eignen sich hier wunderbar als nahrhafte Zwischenmahlzeit. Weißbrot hingegen lieber einige Zeit gegen Vollkornvarianten eintauschen. Jeden Morgen und Abend sollte außerdem eine Milchmahlzeit auf dem Speiseplan stehen, denn auf diese Weise kann der Calciumspeicher wieder gefüllt werden.

4. Dunkle Schokolade für gute Laune

Dunkle Schokolade mit einem Kakaoanteil von mindestens 70% eignet sich für Naschkatzen. Der hohe Anteil an Kakao erhöht nachweislich den

Serotonin-Spiegel im Gehirn und dies wirkt sich positiv auf die Stimmung aus. Unbedingt vonnöten bei einem kleinen Anflug des Babyblues. Und schließlich muss man als Neu-Mama auch nicht den ganzen Tag diszipliniert auf die Ernährung achten.

5. *Hühnersuppe als Kraftnahrung*

Bereits unsere Großmütter haben nach der Geburt zur Stärkung stets Hühnersuppe zu sich genommen. Im Idealfall wird drei Mal am Tag für die ersten drei Monate nach der Geburt eine solche gegessen. Die Suppe lässt sich hervorragend auf Vorrat kochen und anschließend portionsweise einfrieren oder in sterilen Gläsern aufbewahren.

Schnelle Rezepte für mehr Power nach der Geburt

Hühnersuppe – gibt Kraft und tut gut

2 Liter	Wasser
1 Bund	Suppengrün
1	Zwiebel
1TL	Salz
1	Suppenhuhn (küchenfertig, ohne Innereien, 1kg – 1,5kg) Alternativ: Hähnchenschenkel 500gr – 750 gr
50gr	Reis
	Petersilie

Wasser in einem Topf zum Kochen bringen. Das Suppengrün waschen, schälen, klein schneiden. Suppenhuhn abspülen und zusammen mit dem Salz in den Topf geben. Bevor es kocht, den Schaum abschöpfen und das Suppengrün und die Zwiebel hinzufügen. Bei schwacher Hitze ohne Deckel ca. 1,5 Stunden garen.
Die Brühe durch einen Sieb gießen. Die Haut entfernen, das Fleisch von den Knochen lösen und in kleine Stücke schneiden.
Die Brühe mit Fleisch und Reis erhitzen und dann: genießen und Kraft tanken!

Lachs mit buntem Gemüse

Lachsfilet
Zitrone
Salz und Pfeffer
Butter
Gemüse der Saison oder Kartoffeln als Beilage
Menge je nach Hunger – hiervon können Sie sich ohne schlechtes Gewissen satt essen!

Den Lachs säubern, säuern und anschließend salzen. Butter in einer Pfanne erhitzen und den Lachs auf der Hautseite garen.

Dazu frisches Gemüse und/oder Kartoffeln nach Belieben zubereiten:

- Vorgaren und in einer Pfanne bunt mischen und mit Kräutern verfeinern.
- Gemüse mit Öl und Gewürzen mischen, auf ein Backblech geben und ca. 25min bei 200 Grad backen.

Hirsebrei – für Naschkatzen

✓ ***viel Eisen*** ✓ ***gut vorzubereiten*** ✓ ***haltbar***
✓ ***gut für die Seele***

50 g	Hirse, über Nacht einweichen
1 EL	Chiasamen, über Nacht in 100ml Wasser einweichen
100 ml	Kokosmilch
1 EL	Kokoschips oder Kokosflocken
1 Prise	Zimtpulver
1 Prise	Kardamom
1 Prise	Salz
1 kl.	Apfel, in kleine Würfel geschnitten
	etwas Butter
	frische Beeren nach Belieben
	Honig oder Rosinen zum Süßen
	Nüsse oder Trockenfrüchte nach Belieben

Die Hirse mit Wasser und Kokosmilch aufkochen und mit den Gewürzen ca. 20 Min. köcheln lassen. Je nach gewünschter Konsistenz die Wassermenge anpassen und gegebenenfalls im Nachhinein etwas hinzufügen.

5 Minuten vor Ende der Kochzeit die Apfelstücke und evtl. Rosinen und Honig hinzufügen.

Den Topf von der Herdplatte nehmen und Butter und Chiasamen unterrühren. Nach Belieben Nüsse und Trockenobst untermischen und mit Kokosraspel und Beeren garnieren.

Power-Smoothie Rezepte, wenn es ganz schnell gehen soll

Wer nach der Geburt schnell und einfach für eine gesunde Ernährung sorgen möchte, kann ebenso auf Power-Smoothies setzen. Diese gesunden Drinks liefern Vitamine, Spurenelemente und Co. und sind in wenigen Minuten zubereitet.

*Bei der **Zubereitung aller Smoothies** gilt:* All diese Zutaten in den Standmixer geben und gut durchmixen. Im Nu erhalten frischgebackene Mamis einen leckeren, gesunden Smoothie.

Bananen-Avocado-Smoothie

✓ ***Kalium*** ✓ ***Kalzium*** ✓ ***Vitamin B6*** ✓ ***ungesättigte Fettsäuren***

1	Banane, reif
1/2	Avocado
300 ml	Milch
1 Prise	Zimt, nach Belieben
	Agavendicksaft, nach Belieben
	Eiswürfel, je nach Jahreszeit

Rote Beete-Beeren-Smoothie

✓ ***Folsäure*** ✓ ***Vitamine***

100gr	Beerenmischung (TK)
1	Banane
1	Orange
½ Glas	Apfelsaft
½ Glas	Wasser
1 Stück	Rote Beete, roh, ca. 60gr.

Green Heaven

✓ ***Folsäure*** ✓ ***Vitamine***

2	Birnen
1 Stück	Ingwer
2 Beutel	Anis-Fenchel-Tee
2	Datteln, entsteint
1	Handvoll Salat

Aus den Anis-Fenchel-Teebeuteln 200 ml Tee zubereiten und abkühlen lassen. Die Birnen waschen und anschließend vierteln. Den Ingwer schälen und halbieren. Nun alles gut mixen.

Smoothies eignen sich sowohl während der Schwangerschaft, als auch nach der Geburt hervorragend als gesunde Lösung, wenn es mal besonders schnell gehen muss. Gerade im Sommer an heißen Tagen sind diese vitaminreichen Getränke eine tolle Alternative zu warmen Speisen. Wer seinen Smoothie dann auch noch mit Joghurt oder Milch verfeinert, verwandelt dieses Getränk zugleich noch in einen kalziumreichen Sattmacher, der Energie und Kraft liefert. Hinzu kommt, dass hier ebenso gefrorene Obst- und Gemüsesorten zum Einsatz kommen können. Einmal im Vorfeld die Tiefkühltruhe gut gefüllt, ist es jederzeit möglich, einen gesunden Smoothie zuzubereiten, ohne im Vorfeld noch einen Großeinkauf starten zu müssen. Eiswürfel kann man sich in diesem Fall dann ebenfalls sparen.

Im Grunde darf in den Smoothies auch alles verwendet werden, was schmeckt. Lediglich bei säurehaltigen Obstsorten ist Vorsicht geboten, denn viele Babys, die gestillt werden, reagieren mit einem wunden Po darauf.

Frischgebackene Mütter sollten zudem mit Kräutern bei der Smoothie-Zubereitung besonnen umgehen. Dies gilt selbst für Arten, die aus dem Gewürzsektor stammen. Während Petersilie in hohen Dosen den

Fötus in der Schwangerschaft gefährden kann, können Pfefferminze und Salbei bei stillenden Müttern die Milch zum Versiegen bringen. Vor allem bei grünen Smoothies gut Acht geben und im Zweifel die Hebamme um Rat fragen. Kräuter besitzen Kraft und somit gilt es genau darauf zu achten, welche Zutat für den Smoothie verwendet wird.

Schlusswort

Sie haben sich dieses Buch wahrscheinlich gekauft, weil Sie mit Ihrem Bauch nach der Geburt Ihres kleinen Schatzes unzufrieden sind. Egal, was Sie nun daran stört oder wie lange Sie schon gegen die lästigen Schwangerschaftspfunde kämpfen: Seien Sie mit sich selbst geduldig und bleiben Sie dran! Integrieren Sie die Übungen in Ihren Alltag und lassen Sie diese zur Gewohnheit werden. Achten Sie auf Ihre gesunde Ernährung und versuchen Sie das Zwischendurch-mal-schnell-was-essen zu eliminieren und bewusst und regelmäßig zu essen. Notieren Sie sich doch in einem kleinen Büchlein, was Sie den Tag über gut geschafft haben und welche Übungen Sie gemacht haben. Dies spornt zum einen an, dran zu bleiben. Zum anderen werden Sie beim Durchblättern nach ein paar Wochen feststellen, wie hartnäckig Sie sind und das wird Sie mit Stolz erfüllen.

Ich hoffe, dass Sie mit diesem Ratgeber gut arbeiten können und die kleinen aber effektiven Übungen Sie motivieren.

Ich wünsche Ihnen eine gute Zeit, viel Geduld und hohe Motivation für sich selbst und eine wunderbare Zeit mit Ihrer Familie.

Herzlichst Ihre

Marlene Friedmann

Es hat Ihnen gefallen...?

Dann freue ich mich, wenn Sie mir schreiben. Teilen Sie mir doch Ihre Erfahrungen mit oder schreiben Sie mir, welche Themen Sie noch interessieren.

Wir von Mini-Reich sind immer bestrebt, alles was Mamas und Kinder betrifft zu behandeln.

Ich freue mich über Ihre Nachricht an marlene@mini-reich.de.

Oder besuchen Sie unsere Homepage: www.mini-reich.de.

Dort erwartet Sie im Downloadbereich ein ***kleines Geschenk***. Runterladen, ausdrucken und Spaß haben ☺

Natürlich freue ich mich auch über ein paar Sternchen bei einer lieben Rezension – lieben Dank dafür*****

Von uns gibt es noch mehr…

Achtsamkeit für Kinder

Welche Familie kennt es nicht?
Manchmal geht es zu Hause drunter und drüber. Sie sind gestresst und übertragen dies auf die Kinder. Erwachsene wissen was dann zutun ist: Abschalten, runter kommen und erholen.
Aber was ist mit den Kleinsten?
Die schaffen es noch nicht alleine Momente der Ruhe und Entspannung für sich zu schaffen.
Aber Sie als Eltern können auch Ihren Kindern das Thema Entspannen und Achtsamkeit näher bringen!
Und meist helfen diese Einheiten nicht nur den Kleinsten, sondern auch den Eltern.

Autorin: Britta Kohl

Hilfe, mein Kind will nicht essen!

9 Tipps von Mamas für Mamas – so klappt das Essen

„Baaaah, das mag ich nicht!"
Diesen Satz haben alle Eltern sicherlich schon tausend Mal von ihren Kleinsten gehört.
Der Teller mit der leckeren Bolognese steht auf dem Tisch und das Kind möchte es einfach nicht essen. Es gibt in jedem Entwicklungsschritt eines Kindes immer wieder Phasen, die Eltern an den Rand der Verzweiflung bringen, das werden Sie sicherlich auch merken, aber für jede Situation, die ohne Aussicht auf Besserung ist, gibt es eine Lösung!
Und genau diese möchte ich Ihnen mit diesem Ratgeber mit an die Hand geben.
Die 9 besten Tipps von Müttern für Mütter werden Ihnen dabei helfen!

Autorin: Britta Kohl

Hilfe, mein Kind will nicht schlafen!

Der kindliche Schlaf ist eines der umfangreichsten Phänomene, mit denen Eltern sich, besonders in den ersten Monaten, rumschlagen müssen. Während die Eltern auf der Arbeit sitzen und ihnen die Augen nur so zufallen, denken die Kleinsten gar nicht erst daran abends ein- beziehungsweise durch zu schlafen. Aber woran liegt das? Was kann man tun, damit die kleinen Quälgeister endlich Ruhe geben?
Hier erzählen übermüdete Mütter von ihren Erlebnissen mit diesem nervenberaubenden Thema und werden Ihnen hoffentlich die Augen öffnen und Ihnen zeigen: Sie sind nicht allein!

Dieses Buch wird Ihnen Wissenswertes über den kindlichen Schlaf vermitteln und Ihnen hilfreiche Tipps mit auf den Weg geben, warum Kinder manchmal nicht so gerne schlafen, wie wir Erwachsene. Verstehen Sie das Buch als einen Ideenkoffer.

Autorin: Britta Kohl

Wollen Sie noch mehr Informationen?

Ich beteilige mich am Projekt bookuniversity.de, einem Zusammenschluss unabhängiger Autoren. Sie finden dort, übersichtlich sortiert, viele Kindle-Bücher unterschiedlicher Autoren zu den verschiedensten Themengebieten. Unser Ziel ist die Weiterbildung und das Heraustragen von Wissen in die Welt. Wenn Sie möchten, senden wir Ihnen daher regelmäßig kostenlos weiterführende Information zu genau den Themen, die Sie als interessant markieren.

Und noch besser:

Viele Autoren geben regelmäßig Bücher gratis über Amazon raus. Also schauen Sie vorbei und erhalten Sie Informationen über unsere zukünftigen Bücher. Vielleicht haben Sie dadurch sogar heute noch neues interessantes Lesematerial für Ihren Kindle. Klicken Sie dazu jetzt gleich auf den Link, oder gehen Sie auf

www.bookuniversity.de

Falls Sie Ihre Infos lieber direkt als Facebook Nachricht erhalten wollen, dann schauen Sie doch hier vorbei:

bookuniversity.de/gratisbuecher

Impressum

1.Auflage

Kontakt: Bianca Kafarnik, Thekla-Trück-Str. 7, 76456 Kuppenheim
Lektorat: Bianca Kafarnik
Covergestaltung: Marlene Friedmann
Coverfoto: pixabay.com

Printed in Poland
by Amazon Fulfillment
Poland Sp. z o.o., Wrocław

74359816R00031